Je viens me confesser.
Je suis l'enfant, conscient de son péché,
qui vient vers son Père.
Et le Père m'attend, il m'ouvre ses bras.
Le sacrement de la Réconciliation
est une rencontre :

je dis à Dieu que je suis pécheur,
je lui exprime la vérité de ma vie ;
Dieu, mon Père, me dit qu'il est pardon,
il m'invite à un renouveau.

Parce que nous sommes membres du Corps du Christ,
l'Église,
nous sommes solidaires dans le bien
comme dans le mal. Voilà pourquoi c'est l'Église qui
me donne le pardon de Dieu : je ne peux être réconcilié
avec Dieu sans être réconcilié avec l'Église :

quand un membre est malade,
tout le corps est en souffrance ;
quand un membre est guéri,
tout le corps est dans la joie.

Je dis à Dieu mon désir de conversion

Avec l'enfant prodigue qui rentre en lui-même :
« Je vais aller vers mon Père et je lui dirai : Père, j'ai péché envers le ciel et contre toi. Je ne mérite plus d'être appelé ton Fils » (Luc 15,18-19).

Avec saint François d'Assise qui se place sous le regard aimant de Dieu :
« Ô Dieu très haut et glorieux, viens éclairer les ténèbres de mon cœur, donne-moi le sens des choses divines et la connaissance de ce que tu es, ô Seigneur. Ainsi, je pourrai accomplir ta sainte volonté qui ne saurait m'égarer. »

Avec quelques versets du Psaume 50 :
« Pitié pour moi, mon Dieu, dans ton amour, selon ta grande miséricorde, efface mon péché. Contre toi, et toi seul, j'ai péché, ce qui est mal à tes yeux, je l'ai fait. Purifie-moi avec l'hysope, et je serai pur ; lave-moi et je serai blanc, plus que la neige. »

> *« Il faut demander la contrition au Bon Dieu, car elle vient du Ciel. Il faut mettre plus de temps à la demander qu'à s'examiner, car si on ne la demande pas, on ne l'a pas. »*
>
> *Saint Curé d'Ars*

J'examine mon cœur

Pour découvrir les péchés qui, dans ma vie, font obstacle à l'amour de Dieu, il ne s'agit pas de relever des traits de caractère ou des défauts de tempérament : *« Je suis paresseux… Je suis gourmand… Je suis égoïste… »*

Le péché est dans le cœur et dans le refus de l'amour. Le Christ a dit :
« Tu aimeras le Seigneur ton Dieu de tout ton cœur, de toute ton âme, de toutes tes forces. Tel est le premier commandement. Et le second lui est semblable : tu aimeras ton prochain comme toi-même. En ces deux commandements est contenue toute la loi. »

Lorsque je m'examine devant le Seigneur, l'important est donc de voir quelle place Dieu et mes frères tiennent dans mon existence :

– suis-je en effort pour mieux connaître le Seigneur, pour lui rester uni, pour mettre mes pas dans les siens ? Ou bien suis-je en retrait, en opposition, en indifférence ?
– suis-je en effort pour être davantage ouvert aux autres ? Ou bien suis-je d'abord occupé de moi-même, de mes satisfactions, de mes sécurités ?

En essayant de retrouver des faits précis, des situations concrètes, je toucherai du doigt mon péché.

Je choisis, dans les pages qui suivent, un des chemins proposés pour examiner mon cœur.
Cet examen n'a rien à voir avec une simple introspection : examiner mon cœur, ce n'est pas me regarder,
mais laisser le Seigneur me regarder et me dire ce qui, en moi, est obscurci par le péché.

LES DIX PAROLES DE L'ALLIANCE (ÉX 20, 1-14)

1. *Tu n'adoreras que Dieu et tu l'aimeras plus que tout*
Ai-je toujours fait confiance à Dieu ?
Ai-je cherché à connaître sa volonté avant de prendre une décision importante ?
Ai-je fait des efforts – temps, argent... – pour mieux connaître Dieu et la foi de l'Église ?

2. *Tu ne prononceras pas le nom de Dieu en vain*
Ai-je parlé de Dieu à la légère ?
Ai-je tourné en dérision les convictions religieuses d'un autre ?
Ma pratique religieuse se limite-t-elle aux apparences ?

3. *Tu sanctifieras le jour du Seigneur*
Ai-je donné de mon temps à Dieu le dimanche ?
Ai-je été fidèle à la prière le jour du Seigneur ?
Ai-je marqué le vendredi par un effort particulier ?

4. *Tu honoreras ton père et ta mère*
Ai-je toujours respecté et secouru mes parents ?
Ai-je participé aux tâches et aux charges familiales ?
Ai-je favorisé l'entente et l'harmonie en famille ?

5. *Tu ne tueras pas*
Ai-je été violent ?
Ai-je souhaité du mal à quelqu'un ?
Ai-je nui à ma santé (excès de table, de tabac, de boisson) ?

6. *Tu ne commettras pas d'adultère*
Ai-je été fidèle aux promesses du mariage ?
Ai-je tenu compte des recommandations de l'Église dans ma vie conjugale ?
Ai-je troublé ou scandalisé quelqu'un par des propos tendancieux ?

7. *Tu ne voleras pas*
Ai-je dérobé ou dégradé le bien des autres ?
Ai-je pris soin des biens de la collectivité ?
Ai-je tenu compte des besoins de ma paroisse et du diocèse ?

8. *Tu ne mentiras pas*
Ai-je trompé les autres en travestissant la vérité ?
Ai-je nui à la réputation de quelqu'un en répandant des bruits malveillants ?
Me suis-je vanté en racontant n'importe quoi ?

9. *Tu n'auras pas de désirs impurs*
Ai-je provoqué ou laissé venir en moi des désirs malsains ?
Ai-je évité les fréquentations douteuses ?
Ai-je respecté mon corps et celui des autres ?

10. *Tu ne désireras pas injustement le bien d'autrui*
Ai-je abusé de ma situation pour m'enrichir ?
Ai-je travaillé avec conscience professionnelle et dans l'intérêt général ?
Ai-je nourri de la jalousie envers un collègue, un voisin, un parent ?

LES HUIT BÉATITUDES (Mt 5, 3-11)

1. *Heureux ceux qui ont un cœur de pauvre*

Ai-je oublié Dieu à force de vouloir réussir dans mon travail, ma vie ?
Ai-je tendance à me faire admirer ?
Ai-je été détaché par rapport à l'argent et à mes revenus ?
Suis-je resté simple et naturel avec les autres ?

2. *Heureux les doux*

Ai-je eu des paroles dures et méchantes ?
Ai-je pratiqué la loi du plus fort ?
Ai-je fait sentir ma supériorité ?
Ai-je écrasé quelqu'un ?

3. *Heureux ceux qui pleurent*

Ai-je aidé des frères dans le malheur ?
Ai-je montré de la compassion envers la souffrance d'autrui ?
Me suis-je endurci au point de ne pas reconnaître mes fautes ?

4. *Heureux ceux qui ont faim et soif de justice*

Ai-je cherché à vivre comme Dieu le désire ?
Me suis-je nourri de la Parole de Dieu ?
Ai-je pris du temps pour prier chaque jour ?
Ai-je rendu service autour de moi ?
Ai-je respecté ce qui appartient aux autres ?
Ai-je eu la force de me battre contre une injustice ?

5. *Heureux ceux qui pardonnent*
Ai-je refusé d'offrir le pardon au frère qui m'avait blessé ?
Ai-je dans mon cœur le désir de me venger ?
Ai-je de la rancune envers quelqu'un ?
Ai-je rendu le mal pour le mal ?

6. *Heureux les cœurs purs*
Ai-je été droit et vrai dans ma façon de penser et d'agir avec les autres ?
Ai-je eu tendance à critiquer au lieu de regarder ce qui est bon ?
Ai-je eu le courage de dire la vérité quand il le fallait ?

7. *Heureux ceux qui travaillent pour la paix*
Ai-je dit du mal de quelqu'un ?
Ai-je lancé de fausses accusations ?
Ai-je été agressif, colérique, violent ?
Ai-je provoqué des disputes ?
Ai-je été indifférent quand d'autres se querellaient devant moi ?
Ai-je toujours été conscient qu'il n'y a pas de paix sans justice ?

8. *Heureux êtes-vous quand on vous fait du mal à cause de moi*
Ai-je eu honte d'agir en chrétien ?
Me suis-je dérobé devant le risque de me dire chrétien ?
Suis-je heureux et fier de croire ?

LES DEUX COMMANDEMENTS DE L'AMOUR (Mt 22, 37-39)

1. Le premier commandement

« Tu aimeras le Seigneur ton Dieu de tout ton cœur, de toute ton âme et de toute ta pensée. »

Prier

En toutes circonstances, dans l'action de grâce, priez et suppliez pour faire connaître à Dieu vos demandes (Ph 4, 6).

Espérer

Demeurez en moi comme moi en vous, car hors de moi, vous ne pouvez rien faire (Jn 15, 4-5). Oui ! Lorsque je reconnais mes faiblesses, c'est alors que je suis fort de la puissance du Christ (2 Co 12, 9-10). Il faut qu'il croisse et que je diminue (Jn 3, 30).

Discerner

Ne vous modelez pas sur le monde présent, mais que le renouvellement de votre jugement vous fasse discerner quelle est la volonté de Dieu, ce qui est bon, ce qui lui plaît, ce qui est parfait (Rm 12, 2). Tout est permis, mais tout ne convient pas, tout est permis, mais tout n'est pas constructif (1 Co 10, 23).

Choisir

Soyez pour Dieu des enfants (Jn 1, 12). Demeurez dans l'amour du Christ (Jn 15, 9). Adultères ! Ne savez-vous pas que l'amitié du monde est inimitié contre Dieu ? Sanctifiez vos cœurs, gens à l'âme partagée ! (Jn 4, 4.8). C'est dans vos cœurs que vous êtes à l'étroit : ouvrez tout grands vos cœurs, vous aussi (2 Co 6, 12).

2. Le deuxième commandement

« Tu aimeras ton prochain comme toi-même »

S'engager

Ne suis-je pas libre ?... Oui ! Mais, libre à l'égard de tous, je me suis fait l'esclave de tous et tout à tous, afin d'en sauver à tout prix quelques-uns (1 Co 9, 1-19. 23). Celui qui n'aime pas son frère qu'il voit est incapable d'aimer Dieu qu'il ne voit pas (1 Jn 4, 20).

Donner

Cessez de juger sur l'apparence (Jn 7, 24). Pardonnez-vous mutuellement comme Dieu vous a pardonné dans le Christ (Ep 4, 32). La charité excuse tout (1 Co 13, 7).
Vous avez reçu gratuitement, donnez gratuitement (Mt 10, 8).
Il ne s'agit point, pour soulager les autres, de vous réduire à la gêne. Ce qu'il faut, c'est l'égalité (2 Co 8, 9). Dieu aime qui donne avec joie et largement (2 Co 13, 11).

Accueillir

Soyez accueillants les uns pour les autres, comme le Christ le fait pour vous, à la gloire de Dieu (Rm 15, 7).
Ne recherchez pas chacun vos propres intérêts, mais plutôt que chacun songe à ceux des autres...
Car le Christ n'a pas recherché ce qui lui plaisait (Ph 2,3 ; Rm 15, 1-3).

Respecter

Maris, aimez vos femmes et ne faites point passer sur elles votre mauvaise humeur (Col 3, 19).
Que les femmes aiment leur mari et leurs enfants, qu'elles soient réservées, chastes, bonnes, âmes du foyer (Tt 2, 4-5). Enfants, obéissez à vos parents dans le Seigneur, cela est juste. Et vous, parents, n'exaspérez pas vos enfants (Ep 6, 1-4).

LES 'SI' DE L'ÉVANGILE

« Si vous avez une foi qui n'hésite point, si vous dites à cette montagne : "Soulève-toi et jette-toi dans la mer", cela se fera et tout ce que vous demanderez dans une prière pleine de foi, vous l'obtiendrez » (Mt 21, 22).

Où en suis-je de ma foi ?
Foi veut dire confiance. Croire, c'est compter sur Dieu toujours et partout.

« Si quelqu'un veut venir à ma suite, qu'il se renie lui-même, qu'il se charge de sa croix et qu'il me suive » (Mt 16, 24). - « Que servira-t-il donc à l'homme de gagner le monde entier, s'il ruine sa propre vie » (Mt 16, 26).

Disciple de Jésus, oui, mais jusqu'à quel point ? Suivre Jésus, c'est renoncer au désir de posséder, de paraître, de dominer…

« Si votre justice ne surpasse celle des scribes et des pharisiens, vous n'entrerez certainement pas dans le Royaume des cieux » (Mt 5, 20).

Quelle est ma justice ? La justice authentique, c'est de faire la volonté de Dieu, de vivre de son amour, d'annoncer la Bonne Nouvelle.

« Si vous aviez compris le sens de cette parole : c'est la miséricorde que je veux et non les sacrifices, vous n'auriez pas condamné des gens qui sont sans faute » (Mt 12, 7).

Je décide parfois de m'imposer tel sacrifice ou telle privation et j'en tire satisfaction, voire fierté. Mais les demandes de mes frères dans le besoin, demandes de temps ou d'argent, comment je les accueille ?

« Si vous pardonnez aux hommes leurs manquements, votre Père céleste vous pardonnera aussi ; mais si vous ne pardonnez pas aux hommes, votre Père non plus ne vous pardonnera pas vos manquements » (Mt 6, 14).

Le pardon, chez moi, est-ce un mot ou une réalité ? Pardonner, c'est garder mon cœur ouvert et offert.

« Si deux d'entre vous sur la terre unissent leurs voix pour demander quoi que ce soit, cela leur sera accordé par mon Père qui est aux Cieux » (Mt 18, 19).

Ai-je de la joie à prier avec mes frères ? Suis-je conscient de l'importance vitale de la prière en communauté ?

« Vous êtes le sel de la terre. Mais si le sel perd sa saveur, avec quoi va-t-on saler ? » (Mt 5, 13)

En quoi puis-je être sel de la terre ? Ma vie de chrétien a-t-elle de la saveur pour mes frères ?

« Si tu veux être parfait, va, vends tout ce que tu possèdes, donne-le aux pauvres, et tu auras un trésor aux cieux, puis viens, suis-moi » (Mt 19, 21).

Ma charité est-elle plus que des aumônes, fussent-elles généreuses ? Pour être signe de Jésus serviteur, je dois être prêt à laisser certaines possessions, certaines facilités, certains avantages.

DES PAROLES DE JÉSUS

1. *Ne savez-vous pas que je dois être aux choses de mon Père ? (Lc 2, 49).*

2. *Quand tu pries, retire-toi dans ta chambre, ferme la porte et prie ton Père qui est là dans le secret (Mt 6,6).*

3. *Quand deux ou trois sont réunis en mon nom, je suis là au milieu d'eux (Mt 18, 20).*

4. *Il est écrit : « Ma maison est une maison de prière. » Et vous, vous en faites une caverne de brigands (Mt 21, 13).*

5. *Il faut prier toujours, sans se décourager (Lc 18,1).*

6. *Veillez et priez pour ne pas être tentés, car l'esprit de l'homme est plein de force, mais son cœur est faible (Mt 26, 41).*

7. *Quand tu vas prier, si tu te rappelles que ton frère a quelque chose contre toi, cours d'abord te réconcilier avec lui, puis reviens pour prier (Mt 5, 23-24).*

8. *Pourquoi m'appelez-vous : "Seigneur, Seigneur" et ne faites-vous pas ce que je vous dis ? (Lc 6, 46).*

9. *On vous a dit : « Tu ne tueras pas. » Moi je vous dis : « Tu ne te mettras pas en colère contre ton frère, tu ne l'insulteras pas » (Mt 5, 21-22).*

10. *On vous a dit : « Œil pour œil et dent pour dent. »*
Moi, je vous dis : « Ne rendez pas le mal pour le mal.
Si quelqu'un te frappe sur la joue droite, tends-lui encore l'autre » (Mt 5, 38-39).

11. *Aimez vos ennemis, faites du bien à ceux qui vous méprisent, bénissez ceux qui vous maudissent, priez pour ceux qui vous font du mal (Lc 6, 27-28).*

12. *Je ne dis pas de pardonner sept fois à ton frère qui t'a fait du mal, mais soixante dix-sept fois, c'est-à-dire toujours (Mt 18, 22).*

13. *Ne jugez pas et vous ne serez pas jugés. Pourquoi regarder la paille qui est dans l'œil de ton frère, alors que tu ne vois pas le gros bois qui est dans ton œil ? (Mt 7,1-3).*

14. *Celui qui accueille un petit enfant à cause de mon nom, c'est moi qu'il accueille (Mc 9, 37).*

15. *J'avais faim et vous ne m'avez pas donné à manger. J'étais nu et vous ne m'avez pas habillé. J'étais malade et vous ne m'avez pas visité (Mt 25, 42-43).*

16. *Vous ne pouvez pas servir Dieu et l'argent. Cherchez le Royaume de Dieu et tout vous sera donné en plus (Mt 6, 24, 33).*

17. *Il est plus facile à un chameau de passer par le trou d'une aiguille qu'à un riche d'entrer dans le Royaume de Dieu (Mt 19, 24).*

18. *On vous a dit : « Tu ne commettras pas l'adultère. » Moi, je vous dis : « Celui qui regarde une femme avec un mauvais désir, il a déjà commis le péché dans son cœur » (Mt 5, 27-28).*

19. *Celui qui veut devenir grand parmi vous doit se faire votre serviteur (Mt 20, 26).*

20. *C'est à l'amour entre vous que l'on verra que vous êtes mes disciples (Jn 13, 35).*

L'IMITATION DE JÉSUS CHRIST

Affligez-vous, et gémissez d'être encore sous l'empire de la chair et du monde ;
Si peu occupé de mourir à vos inclinations,
si agité par les mouvements de la concupiscence ;
Si peu exact à veiller sur vos sens,
si souvent séduit par de vains fantômes ;
Si enclin à vous répandre au-dehors,
si négligent à rentrer en vous-même ;
Si porté au rire et à la dissipation, si dur quand vous devriez verser des larmes de componction ;
Si prompt à vous livrer au relâchement et à la mollesse,
si lent à embrasser une vie austère et fervente ;
Si curieux de nouvelles et de ce qui attire les regards par sa beauté, si plein de répugnance pour ce qui abaisse et humilie ;
Si avide de beaucoup savoir, si avare pour donner,
si ardent à retenir ;

Si inconsidéré dans vos discours,
si impuissant à vous taire ;
Si déréglé dans vos mœurs,
si indiscret dans vos actions ;
Si intempérant dans le manger et le boire,
si sourd à la parole de Dieu ;
Si convoiteux de repos, si ennemi du travail ;
Si éveillé pour des récits frivoles, si appesanti par le sommeil durant les veilles saintes, si pressé d'en voir la fin, si peu attentif en y assistant ;
Si dissipé en récitant l'office divin, si tiède en célébrant, si aride dans la Communion ;
Si aisément distrait, si rarement bien recueilli ;
Si tôt ému de colère, si prompt à blesser les autres ;
Si enclin à juger le mal, si sévère à le reprendre ;
Si enivré de joie dans la prospérité,
si abattu dans l'adversité ;
Si fécond en bonnes résolutions,
et si stérile en bonnes œuvres.

Traduction de Lamennais

Si nous disons que no
nous nous égar
et la vérité n'
Si nous reconna
lui qui est f
nous pardonn
et nous purifiera de tou
(Première lettr

Mon Dieu, j'ai péché con
mais près de toi s
Accueille n
et donne-moi la

n'avons pas de péché,
ıs nous-mêmes
t pas en nous.
ons nos péchés,
èle et juste
a nos péchés
e qui nous oppose à lui.
de Jean 1, 8-9)

e mes frères et contre toi,
rouve le pardon.
n repentir
ie d'être sauvé.

Nous nous accueillons mutuellement

Le prêtre m'accueille au nom du Christ, ami des pécheurs, et au nom de l'Église, dont il est le ministre.

• Si le prêtre ne me connaît pas, il est bon de me présenter rapidement (âge, famille, responsabilité...).

• Puis, je demande au prêtre de me bénir :
Bénissez-moi, mon Père, parce que j'ai péché.

• Avec le prêtre, je fais le signe de la croix.

• Après le signe de la croix, je peux dire la prière :

Je confesse à Dieu tout-puissant,
je reconnais devant mes frères,
que j'ai péché
en pensée, en parole,
par action et par omission ;
oui, j'ai vraiment péché.
C'est pourquoi je supplie la Vierge Marie,
les anges et tous les saints,
et vous aussi, mes frères,
de prier pour moi le Seigneur notre Dieu.

• En réponse, le prêtre dit l'une de ces prières (ou une autre, semblable) :

1. **Que Dieu vous bénisse**
et que son Esprit nous éclaire l'un et l'autre
pour célébrer le sacrement du pardon.

2. **Que l'Esprit Saint vous éclaire**
pour trouver confiance dans la miséricorde de Dieu
et vous reconnaître pécheur.

3. **Que le Seigneur vous accueille ;**
il n'est pas venu appeler les justes
mais les pécheurs :
ayez confiance en lui.

4. **L'Esprit Saint vous a conduit jusqu'ici ;**
Demandons-lui de nous éclairer
l'un et l'autre, maintenant,
pour célébrer dans l'Église
le pardon du Seigneur.

5. **Approchez du Seigneur avec confiance :**
il ne veut pas la mort du pécheur,
mais qu'il se convertisse et qu'il vive.

6. **Si vous avez péché, ne perdez pas confiance :**
nous avons un défenseur auprès du Père,
Jésus Christ, le Juste.
Il est la victime offerte pour nos péchés,
et non seulement pour les nôtres,
mais encore pour ceux du monde entier.

J'écoute la parole de Dieu

Choisi et lu par moi, le texte de la Sainte Écriture me permet de dire au prêtre l'appel de Dieu que j'ai perçu dans ma préparation au sacrement.

• J'indique le passage de la Parole de Dieu que j'ai choisi :
Pour préparer ma confession, j'ai lu et médité… (tel passage de la Parole de Dieu).

• Parfois le prêtre m'invite à lire le texte de l'Écriture et à expliquer les raisons de mon choix :
Ce passage de l'Écriture m'a éclairé parce que :
- c'est un point sur lequel j'avais décidé de faire effort ;
- c'est un point que j'avais pris l'habitude de négliger ;
- c'est un point auquel je n'avais pas pensé jusqu'à présent.

Je peux :
- choisir un des textes bibliques proposés plus haut (pages 6 à 15) ;
- chercher dans les évangiles une des références indiquées sur la page ci-contre ;
- aller vers un autre texte de l'Ancien ou du Nouveau Testament.
Chacun de ces textes m'apporte une bonne nouvelle : Dieu m'aime et il vient me dire que le péché n'est pas le dernier mot de ma vie.

Choix de lectures des Évangiles

Mt 3, 1-12	Convertissez-vous, car le Royaume des cieux est tout proche.
Mt 5, 13-16	Sel de la terre et lumière du monde.
Mt 7, 13-27	Étroite est la porte qui mène à la vie.
Mt 9, 1-8	Confiance, tes péchés sont pardonnés.
Mt 9, 9-13	Je ne suis pas venu appeler les justes, mais les pécheurs.
Mt 26, 69-75	Le repentir de Pierre.
Lc 3, 7-18	Que nous faut-il faire ?
Lc 6, 36-38	Ne jugez pas.
Lc 6, 39-45	La paille et la poutre.
Lc 7, 36-50	La pécheresse pardonnée à cause de son grand amour.
Lc 10, 25-37	Qui est mon prochain ?
Lc 13, 1-5	Sans cesse Dieu nous invite à nous convertir.
Lc 13, 6-9	La patience de Dieu.
Lc 15, 1-10	La brebis et la drachme perdues et retrouvées.
Lc 15, 11-32	Le père du fils prodigue : la joie du pardon.
Lc 17, 1-4	Si ton frère se repent, pardonne-lui.
Lc 18, 9-14	La prière du pharisien et du publicain.
Lc 19, 1-10	Le Fils de l'homme est venu chercher ce qui était perdu.
Lc 23, 39-43	Jésus pardonne au bon larron.
Jn 3, 16-21	Dieu a donné son Fils unique.
Jn 8, 1-11	La femme adultère : va et ne pèche plus
Jn 8, 31-36	La vérité vous rendra libres.
Jn 19, 13-37	Ils lèveront les yeux vers celui qu'ils ont transpercé.
Jn 20, 19-23	Tout homme à qui vous remettrez ses péchés, ils lui seront remis.

Je confesse l'amour de Dieu en même temps que mon péché

Confesser veut dire : proclamer ensemble. Quand je me confesse, je ne suis pas seul :
– Avec toute l'Église, je confesse que Dieu est saint et qu'à tout instant il m'offre son pardon.
– Avec toute l'Église, je confesse que j'ai péché et que j'ai besoin de me convertir.

1. Je reconnais et exprime mes péchés

• À la lumière de la Parole de Dieu, je reconnais (c'est le sens même du mot « confesser ») et exprime mes péchés et ce que je dois changer dans ma vie pour lever les obstacles à un vrai amour de Dieu et des frères: Voici les fautes pour lesquelles je demande pardon à Dieu…

• Le prêtre, après avoir accueilli l'aveu de mes péchés, me révèle l'amour du Père miséricordieux. Il est pour moi visage du Christ venu pour les pécheurs et les malades.

2. Le prêtre me propose un signe de conversion et de pénitence

Le prêtre recherche avec moi un signe de conversion et de pénitence et me le propose au nom de l'Église : prière, partage, effort pour sortir de moi-même, de mes habitudes, et, surtout, service du prochain.

Loin d'être une compensation pénible tournée vers le passé, le signe de conversion et de pénitence m'engage à un changement de comportement : à travers des ruptures concrètes, j'affirmerai ma volonté de suivre Jésus sur la route du Serviteur.

Lorsque nous découvrons notre péché dans la lumière
de l'Amour de Dieu manifesté en Jésus Christ,
nous percevons la nécessité de le reconnaître.
Finie la recherche des excuses et des alibis,
des justifications et des disculpations !
« Oui, mon péché, moi, je le connais… », dit David.
Je le reconnais, ce péché, d'une manière concrète
et précise. Je ne me contente plus seulement de confesser
un péché général auquel je participe
« comme tout le monde ». J'avoue que j'ai bien fait, moi,
et moi seul, ceci ou cela qui montre bien que je suis
ce pécheur-ci, ce pécheur-là.
Mais oui, Seigneur, j'ai fait tuer Urie, mari de Betsabée,
pour pouvoir lui prendre légalement sa femme !
Mais oui, Seigneur, j'ai dépensé une fortune
pour mon confort sans me préoccuper des Lazare
qui mouraient de faim à ma porte !
Mais oui, Seigneur, j'ai laissé mes camarades ou mes
collègues se débattre devant la menace de chômage
et je ne me suis préoccupé
que de tirer mon épingle du jeu !
Mais oui, Seigneur, j'ai eu des paroles et j'ai posé des actes
de mépris pour des gens d'une autre race,
d'un autre peuple, d'une autre classe,
d'une autre religion, de l'autre sexe !
Mais oui, Seigneur, j'ai fait passer mon argent, mon plaisir,
ma réputation, ma réussite, avant tout le reste !
Mais oui, Seigneur, il y a des mois que je n'ai pas pris
le temps d'écouter mon mari, ma femme, mes enfants !
Mais oui, Seigneur, j'ai préféré me distraire ou dormir
que de veiller une heure avec toi !
Voilà l'aveu. Aveu personnel. Aveu concret.
Aveu de ce que j'ai fait, pensé, voulu, omis !

Cardinal Albert Decourtray

J'accueille le pardon de Dieu pour en être le témoin auprès de tous

Le Notre Père et les Psaumes sont, par excellence, prière du peuple de Dieu. En les priant avant de recevoir l'absolution de mes péchés, je manifeste que je suis en communion avec toute l'Église.

1. Je prie avant l'absolution.

• Quand c'est possible, le prêtre et moi prions ensemble :

Notre Père

Notre Père qui es aux cieux,
que ton nom soit sanctifié,
que ton règne vienne,
que ta volonté soit faite
sur la terre comme au ciel.

Donne-nous aujourd'hui
notre pain de ce jour.
Pardonne-nous nos offenses,
comme nous pardonnons aussi
à ceux qui nous ont offensés.
Et ne nous soumets pas à la tentation,
mais délivre-nous du Mal.

Car c'est à toi qu'appartiennent
le règne, la puissance et la gloire,
pour les siècles des siècles !

Psaume 24

Rappelle-toi, Seigneur, l'amitié, la tendresse
que tu m'as montrées depuis toujours ;
oublie les révoltes, les péchés de ma jeunesse,
mais au nom de ton amour, ne m'oublie pas.

• Ou bien je m'exprime seul en disant une prière, par exemple :

**1. Mon Dieu, j'ai un très grand regret de t'avoir offensé,
parce que tu es infiniment bon, infiniment aimable,
et que le péché te déplaît.
Je prends la ferme résolution,
avec le secours de ta sainte grâce,
de ne plus t'offenser et de faire pénitence.**

**2. Seigneur Jésus,
tu as ouvert les yeux des aveugles,
guéri les malades,
absous la pécheresse
et, après sa faute, tu as confirmé Pierre
dans ton Amour ;
accueille ma prière :
pardonne tous mes péchés,
renouvelle-moi dans ton amour,
accorde-moi de vivre parfaitement
dans l'unité avec mes frères,
pour que je puisse annoncer aux hommes ton salut.**

**3. Dieu, Père très bon,
comme le fils pénitent revenu vers toi, je te dis :
« J'ai péché contre toi ; je ne mérite plus d'être appelé ton fils. »**

**4. Jésus Christ, Sauveur du monde,
comme le malfaiteur à qui tu as ouvert
les portes du paradis
je te demande : « Souviens-toi de moi, Seigneur,
dans ton Royaume. »**

**5. Esprit Saint, source d'amour,
je t'invoque avec confiance :
« Purifie-moi, accorde-moi de vivre en fils de lumière. »**

2. Je reçois l'absolution

Après la prière, le prêtre étend les mains vers moi et dit :

Que Dieu notre Père
vous montre sa miséricorde ;
par la mort et la résurrection de son Fils
il a réconcilié le monde avec lui
et il a envoyé l'Esprit Saint
pour la rémission des péchés :
par le ministère de l'Église
qu'il vous donne le pardon et la paix.

Et moi,
au nom du Père et du Fils et du Saint-Esprit,
je vous pardonne tous vos péchés.

Je réponds : **AMEN !**

3. Le prêtre m'envoie vers mes frères

Après m'avoir donné l'absolution, le prêtre me souhaite joie et confiance en Dieu dans ma vie de tous les jours :

Allez en paix et annoncez à travers le monde
les merveilles de Dieu qui nous a sauvés.
Je réponds : **Béni soit Dieu, maintenant et toujours.**
ou
Heureux celui qui est pardonné,
délivré de son péché.
Réjouissez-vous dans le Seigneur. Allez en paix.
Je réponds : **Béni soit Dieu, maintenant et toujours.**

Béni soit Dieu, le Père de notre Seigneur Jésus Christ.
Dans les cieux, il nous a comblés
de sa bénédiction spirituelle en Jésus Christ.
En lui, il nous a choisis avant la création du monde,
pour que nous soyons, dans l'amour,
saints et irréprochables sous son regard.
Il nous a d'avance destinés
à devenir pour lui des fils par Jésus Christ :
voilà ce qu'il a voulu dans sa bienveillance
à la louange de sa gloire,
de cette grâce dont il nous a comblés
en son Fils bien-aimé,
qui nous obtient, par son sang la rédemption,
le pardon de nos fautes.
Elle est inépuisable,
la grâce par laquelle Dieu nous a remplis
de sagesse et d'intelligence
en nous dévoilant le mystère de sa volonté,
de ce qu'il prévoyait dans le Christ
pour le moment où les temps seraient accomplis ;
dans sa bienveillance,
il projetait de saisir l'univers entier,
ce qui est au ciel et ce qui est sur la terre,
en réunissant tout sous un seul chef, le Christ.

(Éphésiens 1, 3-10)

Je rends grâce

Je ne quitte pas l'église sans me recueillir un instant pour bien percevoir ce que le Seigneur attend de moi maintenant. Et surtout je prends le temps de rendre grâce à Dieu pour ce pardon qui m'a montré une fois encore son amour paternel.

Je peux méditer : le cantique de Marie, le Psaume 31, la prière de saint Augustin...
Je peux aussi choisir un des passages du Nouveau Testament suggérés en page 33. Les disciple de Jésus ont été retournés par la Bonne Nouvelle : « Agissez comme le Seigneur, écrit Paul aux chrétiens de Colosses, il vous a pardonné, faites de même ! » (Col 3, 13).

LE CANTIQUE DE MARIE

Mon âme exalte le Seigneur,
exulte mon Esprit en Dieu, mon Sauveur !
Il s'est penché sur son humble servante ;
désormais, tous les âges me diront bienheureuse.
Le Puissant fit pour moi des merveilles ;
saint est son nom !
Son amour s'étend d'âge en âge
sur ceux qui le craignent.
Déployant la force de son bras,
il disperse les superbes.
Il renverse les puissants de leurs trônes,
il élève les humbles.
Il comble de biens les affamés,
renvoie les riches les mains vides.
Il relève Israël, son serviteur,
il se souvient de son amour,
de la promesse faite à nos pères,
en faveur d'Abraham et de sa race, à jamais.

PSAUME 31

Heureux l'homme dont la faute est remise,
dont le péché est pardonné ;
heureux l'homme à qui le Seigneur
n'impute pas d'offense
et qui n'a point de fraude dans l'esprit.

À me taire, mes os se desséchaient
et tout le jour je gémissais ;
car je sentais jour et nuit
ta main s'appesantir sur moi,
ma sève se tarir comme au plus fort de l'été.

Je t'ai alors avoué mon péché,
je n'ai plus caché mon offense.
J'ai dit : « Je veux confesser ma faute au Seigneur »,
et tu as pardonné l'offense de mon péché.

Que tout fidèle t'implore donc
au temps de la détresse.
Quand surviennent les grandes eaux,
elles ne pourront l'atteindre.

Car pour moi tu es un abri,
tu me préserves de l'angoisse,
tu m'entoures de salut.

PRIERE DE SAINT AUGUSTIN

Seigneur, tu as vaincu.
Me voici devant toi, je suis tien pour l'éternité.
Je ne veux plus que ce qu'autrefois je ne voulais pas.
Je n'ai plus d'autre désir que celui de t'aimer.
Seigneur, tu as vaincu.
Me voici à tes pieds, comme un prisonnier
qui demande humblement grâce.
Mais la seule grâce que je te demande,
c'est de pouvoir t'aimer, toi, ma vie,
c'est de pouvoir n'aimer que toi,
c'est de pouvoir t'aimer toujours,
et d'un amour qui ne soit pas trop indigne de toi.
Ah ! trop tard je t'ai connue, toi, Beauté infinie,
Bien suprême,
mais maintenant je comprends qu'au monde
il n'y a aucun malheur sinon celui de ne pas t'aimer.
Tu es le seul objet digne de tout mon cœur…
Tout ce qui est en-dehors de toi ne m'est plus rien.
Je suis tien tout entier, je ne me réserve rien,
tu es tout pour moi, et je suis éternellement à toi.

Choix des lectures du Nouveau Testament

Rm 5, 6-11	La preuve que Dieu nous aime, c'est que le Christ est mort pour nous.
Rm 6, 2B-13	Le baptême nous donne la vie nouvelle du Christ mort et ressuscité.
Rm 6, 16-23	Le service de Dieu conduit à la vie éternelle.
Rm 7, 14-25	La lutte dans l'homme entre le péché et la grâce.
Rm 12, 1-2.9-19	Une communauté de réconciliés.
Rm 13, 8-14	Revêtons-nous pour le combat de la lumière.
2 Co 13, 5-9	Ce que nous demandons dans nos prières, c'est que vous deveniez parfaits.
Ga 5, 16-24	Vivre sous la conduite de l'Esprit.
Ep 2, 1-10	Dieu nous a fait revivre avec le Christ.
Ep 2, 11-22	Réconciliés avec Dieu par Jésus Christ.
Ep 4, 1-3.17-32	Adapter le comportement de l'homme nouveau à l'image de Dieu.
Ep 5, 1-14	Vivez comme des fils de la lumière.
Ep 6, 10-18	Le combat de la vie chrétienne.
Ph 3, 8-16	Allez de l'avant pour connaître le Christ.
Ph 4, 4-9	Le joie et la paix dans le Seigneur.
Col 3, 1-10.12-17	Le Seigneur vous a pardonné, faites de même.
1 Th 5, 9-11.14-24	Gardez-vous du mal.
Tt 3, 3-7	La rénovation dans l'Esprit Saint.
He 12, 1-5	Méditer l'exemple du Christ dans la lutte contre le péché.
Jc 1, 22-27	Écouter la Parole de Dieu et la mettre en pratique.
Jc 2, 14-26	Sans les actes la foi est morte.
Jc 3, 1-12	Les dangers de la parole.
1 P 1, 13-23	Une espérance qui exige la sainteté.
1 P 3, 8-12	Ne rendez pas le mal pour le mal.
2 P 1, 3-11	Affermir notre vocation chrétienne.
1 Jn 4, 16-21	Celui qui aime Dieu, qu'il aime aussi son frère.
Ap 21, 1-8	Dieu veut faire toutes choses nouvelles.

Quand dois-je me confesser ?

S'il fallait demander le sacrement du Pardon sitôt que j'ai commis un péché, c'est très souvent qu'il faudrait aller trouver un prêtre. En fait, tous les péchés n'ont pas la même gravité.

• Les péchés véniels sont des péchés de moindre importance. J'en demande le pardon :
- dans ma prière personnelle :
"Seigneur, prends pitié… Seigneur, efface mon péché…"
- ainsi que le dimanche à la messe :
"Que Dieu tout-puissant nous fasse miséricorde, qu'il nous pardonne nos péchés…" -
"Pardonne-nous nos offenses comme nous pardonnons aussi…"
"Seigneur, je ne suis pas digne de te recevoir…"

Bien sûr, l'Église m'invite à les confesser aussi dans le sacrement de la réconciliation.

• Les péchés graves sont des péchés qui blessent profondément mon amitié avec le Seigneur (certains sont même appelés « péchés mortels » parce qu'ils tuent l'amour de Dieu en moi). Les péchés graves, l'Église me demande de les confesser dès que possible dans le sacrement de la réconciliation.

Et ma participation à la messe ?

L'Église m'invite à recevoir le sacrement du pardon au moins une fois l'an, tout spécialement avant les grandes fêtes : Pâques, Noël… Mais, de façon plus générale, j'ai à m'interroger chaque fois que je participe à la messe :
« Celui qui mangera le pain ou boira la coupe du Seigneur sans savoir ce qu'il fait aura à répondre du corps et du sang du Christ. On doit donc s'examiner soi-même avant de manger de ce pain et boire à cette coupe », écrit saint Paul (1 Co 11, 28).